MES

AUTOÉDITIONS

Splendeurs et misères
d'un auteur-loser

Illustration de Romain Boussard

Michel Bellin

MES

AUTOÉDITIONS

Splendeurs et misères

d'un auteur-loser

À Antoine G., actuel représentant de la célèbre dynastie.

Pour le 25ᵉ anniversaire de mon premier tapuscrit refusé ("L'Envol", Prix Vedrarias de la Nouvelle).

Il vaut mieux être moins
Et être ce qu'on est.

Nicolas CHAMFORT

Les trompettes de la renommée n'ont pas encore été embouchées que déjà bruissent les rédactions tandis que les professionnels s'activent (tout en pestant contre l'avalanche du papier qui fait de la résistance) car, tous pressentent, sinon des chiffres mirobolants, du moins l'embellie annoncée, une reprise certaine de l'édition après le Covid, avec, comme à chaque rentrée dite littéraire, d'inévitables rumeurs, des coups bas éditoriaux, l'indispensable fumet de scandale dans le recoin d'une *bonne feuille*, une agitation certaine ne mettant pas en péril un rituel convenu mais rassurant et aussi prévisible que cette célèbre égérie belge qui nous pond chaque automne son bel œuf bien calibré, bref, on l'aura deviné, il ne s'agira pas ici de gallinacée surdouée mais bel et bien de rentrée littéraire.

Ou plutôt de non-rentrée. De contreperformance commerciale. De sous-littérature improductive. Galéjade du sacrosaint *incipit* ! Car, dans ce portrait littéraire succinct, à la fois hagiographie et caricature assumées, j'entends évoquer – histoire de déblayer le terrain une fois pour toutes – le parcours chaotique de tous les auteurs-loser dont un certain Julius dit *Julius Minus*, mon ami, pourrait devenir le prototype, le chef de file et le saint patron tutélaire, nullement menacé par le choc culturel de septembre, écrivain aussi peu concerné par les best-sellers automnaux que les pécheurs de crevettes du dimanche le sont par les quotas de thon rouge dans les eaux nipponnes ; aussi peu passionné par ailleurs, juste amusé, par le récit romanesque que je vais tracer de son improbable destinée. « *Ta seule circonstance atténuante*, m'a-t-il dit après avoir parcouru mon manuscrit l'été dernier, *c'est que ta narration ne ressemble à rien, que je ne me reconnais dans aucun de ta dizaine de Julius. Mais qu'à tout prendre, plutôt qu'une romance sirupeuse, je préfère ta bombinette à fragmentation, même si ta mise à feu est totalement ratée. Ah ! mon pauvre Maxou, si seulement je pouvais être sûr que ton incohérence soit préméditée…* » Qu'on se le dise : mon héros est aussi injuste envers moi qu'impitoyable. Mais c'est mon « pote » depuis tant d'années que je lui pardonne sa méfiance et son ingratitude ; je comprends aussi son embarras et sa déception face à mes incessantes acrobaties de « collecteur de fragments », sans cesse jonglant avec le *je* et le *il* – maudite manie à laquelle l'auteur tient tant – contre mon avis – pour, prétend-il, mieux enfoncer le clou tout en brouillant les pistes. Eh bien soit ! Avec ou sans *imprimatur* de l'ombrageux auteur, nous gravirons donc ensemble, ami lecteur, station après station, cette rude montée du Golgotha de l'autopublication narcissique.

Ceci dit et admis, impitoyable et, si possible, lucide portraitiste, en aucun cas flagorneur, je persiste et signe quant à ma volonté d'élucidation. Et j'acquiesce à sa volonté à lui de m'avoir choisi comme préfacier de son Œuvre puisqu'il considère celle-ci comme désormais achevée. « *Les bonnes choses ont une fin,* concluait-il récemment dans un post-scriptum, *et rien ne sert d'écrire ni de mourir, il faut juste partir à point.* » Ceci admis et la période de deuil allègre étant commencée en ce triste automne 2023, et bien que je ne sois pas de la partie (je soigne encore essentiellement et uniquement les corps), je pense connaître intimement Julius depuis quelque quarante ans pour m'acquitter de la tâche qu'il m'a confiée ; j'apprécie obscurément autant qu'obstinément cette sorte d'Homme Noir qui me ressemble comme un frère, pour tenter d'évoquer dans cet essai minimaliste, puisqu'il y tient tant – presque autant que ses amours prohibées – son prodigieux malheur, ses échecs coruscants, sa glorieuse nullité littéraire, sans me gêner le moins du monde, allons-y puisque les oxymores sont redevenus à la mode ! Néanmoins, pour respecter son anonymat et ne pas abuser de la première personne du singulier, toujours haïssable, nous l'appellerons ici Monsieur Julius, ou plus familièrement Julius tout court, personnage récurrent de son œuvre prolifique autant qu'avortée qu'à peu près personne n'a lue à ce jour.

Donc, d'emblée c'est dit, notre Julius est un drôle, un phénomène, presque un cas d'école : depuis le début du siècle, il aligne une brassée d'ouvrages à peu près aussi invendables les uns que les autres tant sa prose est, sinon indigente, du moins essentiellement autofictionnelle, pour ne pas dire autobiographique voire autobiografictive. Ce nonobstant, je peux l'attester, pour suivre fidèlement sa non-carrière, pas une seule critique dans les gazettes pendant tout ce temps, pas le moindre frémissement dans les ventes et même un embryon de notice qui vient d'être supprimé d'office dans *Wikipedia* pour absence notoire de notoriété.

S'ajoutent des tirages faméliques, une poignée de groupies certes transies mais impuissantes et des velléités chez lui – tel le perroquet facétieux – de se faire hara-kiri en ingurgitant d'une traite les 506 pages du *Dictionnaire de la bêtise* de Bechtel et Carrière.

On pourrait croire qu'une telle débâcle éditoriale consterne mon ami Julius, qu'elle le déprime ou plutôt le stimule, vu qu'il s'obstine encore et toujours à écrire tant d'opus mort-nés et invendus ! Eh bien non, c'est pour lui un signe providentiel, le plus sûr des encouragements à continuer de s'enliser gayment puisque, en fait et dans la réalité, il n'écrit que pour *lui-même* et n'aime ni les épiciers ni les promoteurs ni les voyeurs ni surtout les enquiquineurs. Avoir plus de 50 lecteurs lui semble déjà suspect, toucher des droits d'auteur (quelques dizaines d'euros bon an mal an) une compromission, passer sur un plateau TV une dépravation. Quant à la liste des meilleures ventes…

Moi qui connais bien Julius, dans cet éloge déguisé en avertissement au lecteur, avec quelques funéraires ornementations, je veux l'attester : ce dont il souffre, le coquin, ce n'est pas de manque d'ambition, pas même d'indolence chronique, encore moins de dandysme, mais d'une gentille névrose, comme tout un chacun. Et de cette névrose souriante mais totalement stérile, les symptômes sont aussi patents et éblouissants que ses ruineuses autoéditions ou ses souscriptions en forme d'omelette norvégienne flapie. C'est un fait, telle est sa vraie vocation, bien plus que feu son pseudo choix sacerdotal, le bougre ne s'est fait auteur sur le tard que pour s'ausculter l'âme, peaufiner le style, faire jaillir de cette conjonction une jubilation extrême dont il veut prendre à témoin la terre entière en bichonnant et collectionnant des œuvres singulières dont elle, elle n'a nul besoin ! Seule importe alors la trajectoire privée. Littérature ? Non, *lis tes ratures* : corrige, écris, corrige, laisse infuser, écris à nouveau, corrige... et jouis-en à l'infini puisque « *le style arrache une idée au ciel où elle se mourait d'ennui pour l'enduire du suc absolu de l'instant.* » (Bernard Franck). S'enduire de mots et se pourlécher l'âme ! Quant à la glèbe et aux bipèdes…

Lors d'un récent coup de fil (il habite dans le Sud-Ouest, votre serviteur en Rhône-Alpes), Julius m'a avoué que, s'il a toujours eu la passion d'écrire − et à la manière dont il l'entend : *écrire sans en vivre* −, il n'en a pas toujours eu le temps car, avec sa ribambelle de marmots, après son départ de l'Eglise, le travail manuel ainsi que sa vie conjugale l'occupaient et l'épuisaient. Mais ce labeur le ramenait encore à l'écriture puisque, dans le métier de doreur sur bois qu'il apprit sur le tard après avoir défroqué, il fallait avant tout poncer, poncer encore, poncer encore et toujours ! C'est le prix à payer pour réussir une belle dorure à la feuille, un *or bruni* rutilant. Car, le sait-on ? poser une feuille d'or ne prend qu'un instant, préparer puis poncer l'enduit (fait de blanc de Troyes et de colle de peau de lapin) exige des heures d'attention et de patience avant l'interminable polissage à l'agate qui en est la récompense ultime. Ce n'est que si l'enduit est parfait, aussi lisse et froid que le marbre, alors même que la peau du pouce et de l'index en est encore abrasée et endolorie, qu'éclate la splendeur de l'or sous la pierre qui sans cesse passe et repasse.

« Tout ça , me confiait Julius récemment, un brin amer, pour ces bourgeois venant reprendre leur cadre ou leur trumeau, l'œil blasé, le porte-monnaie serré, pas même étonnés par notre labeur d'orfèvre et soupirant parfois que c'est bien cher payé pour un peu de peinture dorée. Ah ! les sots. » Et l'artiste d'ajouter : « Tu sais, *il* en va de même pour les mots... Cet interminable et cuisant polissage... mais sans perdre une once de fraîcheur et de spontanéité ! Un tel boulot pour leur indifférence, leur inculture... »

Quand aujourd'hui Julius peaufine un texte, sans penser un seul instant aux improbables lecteurs, lorsqu'il le dégraisse, le lustre, parfois l'efface... par inadvertance ou par dépit, il repense à son ancien métier : autrefois l'enduit gris et rugueux, aujourd'hui tous les feuillets qui s'accumulent autour de son siège, comme autant de feuilles mortes, sans cesse imprimés puis corrigés, imprimés à nouveau, puis encore raturés à la main... Et à mesure qu'opère le polissage du texte, à mesure que le feuillet devient du coup de plus en plus immaculé, de plus en plus lisse, comme autrefois le support prêt au miracle de la dorure artisanale, c'est la même fatigue et le même plaisir : soudain, comme sous l'agate ou au creux du tamis indéfiniment secoué au-dessus de la rivière, l'or des mots éclate et éblouit ! De rares fois. Si fugacement... Mais qu'importent les carats, qu'importe qu'ils n'étincellent jamais sur la plage d'un livre ! Seul, extorqué plus à la terre meurtrie qu'au ciel évanescent, seul *le suc absolu de l'instant.*

Une fois, je fis remarquer à l'ami que dans son dernier pavé (plus de 500 pages tout de même), j'avais déniché deux coquilles. Deux ! Malgré ses légendaires relectures. Nullement surpris, encore moins contrit, l'auteur a répliqué, en s'esclaffant : « Forcément ! Mon pauvre Maxou, tu es tombé dans le panneau. Les coquilles, j'en laisse toujours quelques-unes dans mes livres pour offrir à mon lecteur qui se barbe la fate jouissance de déterrer une truffe ! » Que répliquer à ça ? Rien, c'est son droit et sa lubie, même si en tant que lecteur, parfois son correcteur à titre gracieux, je vois les choses d'un autre œil et sous un angle moins cynique, moi qui ai tellement l'habitude des corps, de leurs défaillances, de leurs géniales imperfections. La coquille dans un livre ne serait-elle pas au texte ce que le nævus est au grain de la peau ? Une fatale et touchante trace d'humanité. Quoi qu'il en soit, chez notre auteur, malgré quelques rares scories prétendument volontaires, sa vulnérabilité à lui — aussi touchante qu'exaspérante — consiste à ce que sa compulsion littéraire relève du sabordage ; c'est chez lui quasiment une vocation : pour minutieux qu'ils soient, l'embaumement des mots et la toilette scripturaire ont toujours lieu *avant,* avant la parution de l'opus, et même avant la mise au pilon qui constitue *in fine* une sorte de prometteuse mise au tombeau. C'est décalé et d'un grand chic. Et comme pour la fête pascale, rien, absolument rien à voir avec la Raison : tu crois ou tu ne crois pas. Tu marches ou tu décampes. Tu t'abêtis et tu adores. Tel est le credo de Julius l'Apostat : un acte de naissance littéraire, selon lui, c'est d'abord un avis de décès. Par essence, nécessité formelle et dépit consenti.Forcément. Consubstantiellement. *Littérature...* le maître-mot en trois ! Car, tout comme la croyance est un doute surmonté, un livre n'est qu'un brouillon sublimé. Une fin consommée et consumée. Depuis le tout premier opus, dit « œuvre de jeunesse » qui, comme l'a bien vu Cioran, n'était déjà qu'un suicide différé. Ce qui expliquerait aussi que la fleur fétiche de l'ami Julius n'est pas ni ne sera jamais le chrysanthème, mais l'impériale *Paeonia.* «

Que celui qui a des yeux pour voir, qu'il voie. » Et qu'il croie, même sans avoir rien vu ! Comme n'a pas su faire Thomas, le saint patron des ratiocineurs illettrés.

En vérité et subséquemment, puisque l'acte d'écrire constitue pour Julius un processus à rebours, une sorte de fausse-couche féconde, il s'agira aussi, tout de suite après la perte des mots et sans perdre un seul instant, d'une publication hors-normes, hors approbation, hors production de masse : plus ses lecteurs sont rares et chiches ses royalties, plus le nouvel opus lui apparaît subtil et méritoire. Et bien plus touchant qu'un poupon rachitique qu'il convient donc de sauver à tout prix et à n'importe quel prix ! Car sa devise est toute bête et non commerciale : *écrire ma vie, vivre mon écriture.* Et comme disait Cioran : « *Celui à qui tout réussit est nécessairement superficiel. Un minimum de déséquilibre s'impose.* » Un maximum d'échecs, parfois de folie, à condition de les transmuer, de les polir et de les transfigurer. Dit autrement :

quand une existence est un ratage assumé, l'œuvre et le style ne peuvent confiner qu'au sublime. Et cela ne regarde personne d'autre que l'auteur.

Ah bon, il s'agirait alors d'autobiographie ? Mais chacun sait que ce genre de complaisance peut ne pas passionner les foules, surtout lorsque le feuilleton introspectif dure depuis tant d'années ! Avec raison, admet Julius, sauf si l'on respecte quelques règles aussi minutieuses que lorsqu'on veut réussir un beurre blanc. L'ami m'a donné, un jour que je le harcelais pour qu'il daigne écrire enfin un roman contemporain digne de ce nom et de son compte bancaire, pour qu'en *se* laissant tomber une bonne fois pour toutes, il mise de manière altruiste sur la seule postérité, même si elle est une très vieille dame fort capricieuse et pas toujours aussi respectable qu'on le prétend ; bref, pour en revenir à sa recette bio maison — sa propre définition de l'autobiographie — je n'ai pas tout à fait compris mais, puisque je tiens ici à trouver à mon cher raté quelques circonstances atténuantes, autant citer texto sa propre autojustification : « *Trois qualités sauvent et légitiment l'autobiographie : le travail stylistique, la portée universelle, le ferment subversif ; de sorte que le lecteur, devenu alter ego, soit séduit, impliqué, désaliéné.* » Pas mal vu, sauf que le séducteur écorché vif n'attirera pas nécessairement des millions de voyeurs séduits et que pour un écrivain têtu, il n'est pas pire sourd que celui qui ne veut ni entendre ni vendre !

À propos de ce handicap, Julius m'a parlé de Joël dont il apprécie la prose, née peut-être de son mauvais sort puisque l'homme est entré sourd dans l'existence — ces éternels communicants que sont les éternels souffrants ! « *En scénarisant la vie,* explique-t-il, *nous lui conférons l'impératif de notre existence et occultons rageusement notre vacuité originelle. Nous ne prétendons jamais à nous-mêmes, nous sommes tout à la fois le théâtre, le décor, l'intrigue et l'acteur d'un spectacle dont nous voulons croire que* nous ne sommes pas l'unique spectateur. *Peut-être est-ce là le cœur du drame : confondre la réalité des faits avec la réalité qu'on leur assigne.* » (Joël Chaude, *Je suis né deux fois*, Editions Autres Temps). Julius confondrait-il lui aussi sa vie ruinée avec son art écorché... Autofiction plus qu'autobiographie ? Eternel débat qui n'intéresse que les blogs d'un jour ! Voilà que tu nous embrouilles un peu plus, mon pauvre vieux, et que tu nous parles d'une écriture plus proche de la résilience littéraire que du Prix des Libraires !

Mais revenons à l'édition telle qu'elle t'a déçu, cher Julius, et ne te concerne plus. Quid de l'édition majuscule ? Les « chocs de la rentrée » ou autres promos ? Avoue que tu en rêves, que tu aspires en secret à être édité à compte d'éditeur. Bien sûr, tu t'en tiens à ton dépit et à ton mépris. Tu persévères à considérer camelots éditoriaux et bibelots textuels d'un œil amusé, comme tout être intelligent et non dupe sourit des soldes providentielles en janvier ou, début août, de l'horrifique chassé croisé : pure convention. Totale inadéquation. Construction médiatique. Du vent ! Toi, dégrisé autant qu'amusé, quand tu consens à lire un auteur contemporain (en plus des humbles génies qui font ses délices, un Flaubert, un Gide, un Maupassant, un Zweig et une bonne douzaine d'autres illustres démodés), c'est toujours avec retard, avec insouciance, presque par inadvertance, quand la vague promotionnelle s'est depuis longtemps retirée. Tu dates, mon pauvre Julius ! Ta trouvaille de l'été dernier, m'as-tu récemment confié : une déjà vieille histoire de petit mammifère solitaire que tu oses mettre désormais sur un pied d'égalité avec *"La vie devant soi"*, quitte à faire s'étrangler d'indignation les respectables critiques parisiens. Mais tu n'en démords pas : là encore, comme pour l'écriture, il s'agit de s'enduire de mots (ceux de l'Autre) pour s'en pourlécher l'âme.

C'est ce que mon vieil ami m'expliquait dans un avant-dernier et interminable courrier, juste avant son déménagement qui me préoccupe, à propos de sa récente trouvaille (précision : Julius n'écrit qu'à l'ancienne, uniquement sur du vergé calligraphié) : « (…) Voici des signes qui ne trompent pas. Lorsqu'en débarquant sur le quai du métro, au lieu de foncer vers la sortie, tu lambines en cet endroit malodorant et inconfortable pour déguster la fin d'un chapitre qui, de toute façon, ne pourra pas être réchauffé… quand, au détour d'une phrase ou d'un mot inédit et jusqu'alors inconnu (hier après-midi : *"immarcescible"*), tu as un soubresaut de plaisir ou de complicité, au point de le noter, sur-le-champ, dans ton agenda… quand tu te surprends à sentir poindre de manière récurrente au coin de l'œil une larme de tendresse, de chagrin ou de rire… quand, après avoir trimballé le livre de poche dans ta besace, tu cours exclusivement chez ton libraire pour commander le même titre dans la noble collection au liseré rouge… donc quand, à mesure que tu avances dans la lecture, tu en freines imperceptiblement le cours de peur de devoir quitter bientôt – trop tôt – les personnages qui sont devenus tes meilleurs amis et la prose qui t'a enchanté… quand enfin tu notes l'heure et le lieu du point final (Station Ivry Val de Seine, ce 29 juin 2022 à 14h 02) comme on se remémore la date funeste d'un dernier souffle ami…c'est que, vois-tu, Max, tu te trouves en présence d'un grand et beau livre ! » (Au sujet de Muriel Barbery.[1])

Toujours à propos d'hédonisme, Julius m'a fait part l'autre jour de sa réflexion, se demandant si le summum du plaisir n'est pas de guetter son bouchon plutôt que de ferrer un mastodonte. « Chaque fois, me confiait-il tout excité, qu'après un refus, je cours porter à un autre grossiste du 6ᵉ arrondissement un nouvel exemplaire, je me sens le cœur frétillant d'un pécheur à la ligne ! » C'est pour ça qu'il ne récupère jamais ses textes : le pêcheur conserve-t-il les godasses percées

---

[1] *L'Elégance du hérisson*, son deuxième roman, fut publié en 2006 par Gallimard.

qu'il tire sur la berge ? Pour Julius, refus et déni sont un hommage à sa singularité et un amplificateur de sa furie (d'écrire). D'ailleurs, lorsqu'il m'explique combien il jubile à organiser ses tournées parisiennes pour fourguer obstinément autant de tapuscrits, je me demande si mon comparse n'est pas en train de régresser, de rapetisser en culottes courtes, chenapan d'un jour se plaisant à jeter dans le plan d'eau cageots, bouteilles, chambres à air rapiécées, pour rien, par défit, peut-être pour le plaisir pervers d'agiter et de troubler des eaux trop lisses, plus sûrement pour détourner sa vieille colère en se prouvant qu'il était lui aussi – l'éternel gentil, l'éternel docile ! – capable d'être méchant et destructeur. Exilés sur la terre, les angelots sont parfois sans pitié…

Encore quelques mots pour crever l'abcès. Un long extrait d'un courrier reçu en 2012 et soigneusement archivé.

« (…) Figure-toi, cher Maxou, qu'il y a quelques jours, à la une du *Monde des*

Livres, Raphaëlle Rérolle guerroyait contre ces auteurs qui ont l'impudence de s'occuper eux-mêmes de leur promo (*"Par pitié, ne vendez pas vos propres livres !"*[2]). À vrai dire, si la supplique était gentiment moralisatrice, nulle argumentation, pas le moindre mot expliquant la sacralité du Livre (L majuscule) que seuls respecteraient les grossistes patentés ayant pognon sur rue, avec en tête l'*Editor Maximus* dont on nous vante partout le fabuleux destin, au point que la plaque de la célébrissime ruelle dans le 6e arrondissement de Paris en fut rebaptisée !

En fait, je ne comprends pas vraiment ce que la journaliste précitée trouve à redire. Certes, après avoir raillé Marc-Edouard Nabe (assimilé à un représentant *Cassegrain*), la blonde vestale du quotidien du soir invoque Barthes (encore !), Kundera, Coetzee et Cie, mais son propos n'est pas clair. Plutôt alambiqué. Car je te le demande, Max, en quoi l'anti-édition est-elle

---

[2] Cahier du *Monde* N° 20587 daté Vendredi 1er avril 2011.

un crime de lèse-majesté ? Et l'autopromotion sur la Toile – singulièrement grâce au miraculeux *Kindle* d'Amazon – infamante ? Pourquoi un auteur artisan, à l'instar de sa charcutière adorée, n'aurait-il pas le droit de vanter son goûteux *ris de mots* maison plutôt que de le brader par lots dans les *Carremouth* de la culture ? Grosso modo, seul trouverait grâce aux yeux de l'intello sourcilleuse un certain esthétisme intellectuel, une pureté désincarnée, l'écrivain digne de ce nom ne devant s'occuper que des affaires d'âme ou de style, en laissant aux éditeurs, magnanimes et désintéressés, le soin d'écouler la noble marchandise de l'Esprit tout en faisant leur beurre avec la moelle des auteurs ! Bref, chère Raphaëlle, pourquoi cette indignation aussi creuse que vertueuse ? (D'autant plus que je lis vos tribunes et votre cher journal – *Le Monde* pour ne pas le nommer – exclusivement sur mon *Kindle*, ce qui évite à mes voisins le froissement des pages et surtout des coups dans les côtes !). Eh bien moi je dis : ras-le-bol des chasses-gardées ! Ras-le-bol de Gallimarre ! Et vive l'autopromotion, sus aux cons ! Quant aux meilleures ventes (sur *Amazon* ou ailleurs, je ne pratique pas la ségrégation.), concernant les produits-phares et les révélations de la prochaine Rentrée littéraire… Pouah ! Laissons ça aux snobs et aux gogos. Aux épiciers et aux écrivaillons. Qui sont légion ! Zappons. Et lisons ! Sur nos *kindle* ou dans nos incunables, lisons ! Lisons et jouissons.

Mais quels livres faut-il lire ? Lesquels sont essentiels ? Lesquels superfétatoires ? Ce qui est à craindre, ce n'est pas le manque d'originalité des mots mais leur insignifiance. Bavardage et psittacisme. Mes propres textes souvent me consternent. Revenir de toute urgence à Jean Sulivan et à son exigence : « *Quand un livre vous a percé le cœur, relisez. Ne croyez qu'aux livres qu'on relit. Redoutez les livres faciles qui furent écrits mille fois. Vous les reconnaîtrez à leur succès. Faites le vide. Ne gardez que les livres qui résistent, étrangers : l'étranger a toujours quelque chose à nous apprendre.* »

Mes livres font-ils partie de ceux qu'on lit et relit ? (Qui *on* ? " Pronom indéfini malpoli ", disait feu ma belle-mère.) Je te le demande, Maxou, les yeux dans les yeux et la main sur le cœur. Quid de ma notoriété ? De ma postérité ? Et de l'armada fantasmée de lectrices et de lecteurs qui assiégeraient mon Œuvre ? Euh, amigo, j'en doute et c'est tant pis ! Je doute fort et je ris. Même si moi, auteur-loser mais follement heureux, ébloui par moi-même et par autant d'obstination joyeusement suicidaire, eh bien ! oui, je le confesse, mon Père, souvent je me lis et me relis. Tout comme l'adoration hier, quand je m'abimais dans la prière, cette lecture solipsiste est une forme d'onanisme. Jouissance et réjouissance ! En toute innocence. Et je suis épaté, moins par la qualité et la quantité de mes éjaculats sémiotiques que par mon orgueilleuse obstination. Car je peux juste dire que mes valeureux bouquins requièrent beaucoup d'efforts de la part de leur concepteur et suscitent plus encore de bonheur au premier lecteur qui les découvre : *moi-même*. C'est vraiment une histoire d'apprivoisement, d'adoption, la famille quoi ! En fait, rien ne vaut l'expérience et la mienne, pour modeste et atypique qu'elle soit, m'a montré ceci : pour avoir nourri et élevé quatre enfants (trois biologiques et un adopté, plus quelques autres dans notre invraisemblable tribu d'accueil), je suis le mieux placé pour parler de chacun d'eux et en dire le plus grand bien. Sans préférence ni priorité car chaque enfant-livre est le plus précieux, chacun est adoré. Famille élargie, dans la vraie vie ; famille rétrécie, dans l'écriture-lecture solitaire. Paradoxal, non ? En tout cas, Max, pour avoir rédigé à ce jour une trentaine d'opus (90% autoédités, j'ignore le nombre exact), je suis certes le mieux placé pour les évaluer ou les relativiser, pour également les écouler ou les effacer d'un clic à ma guise, à prix coûtant voire à perte, loin des kidnappeurs d'enfants-livres ou des grands manitous des Belles Lettres Parisiennes. Comme disait Paul Valéry dans ses *Cahiers*, à propos du *sens* d'une œuvre :

« *L'auteur ne peut le révéler plus légitimement et sûrement que quiconque.* » Noble et persévérante autorévélation, avec le moins d'intermédiaires possible. Ni relecteurs ni correcteurs. Ni traducteurs ni promoteurs. Ni diffuseurs ni distributeurs. Ni critiques ni gloseurs. Sans pub ni camelots. Surtout sans comités de lecture ! En toute indépendance et liberté. Pour la seule et pure utopie. Et toujours sans peur et sans reproche ! » (Courrier du 13/08/2012).

Fin de l'extrait. Il est comme ça, mon Julius ! Exalté, fier, un brin injuste. Et il sait très bien, au fond de lui-même, que grotesque ou touchante, sa graphomanie n'est après tout qu'une variante de la volonté de puissance ! Passons. Sa tirade contre tous les contempteurs de l'autoédition me rappelle d'ailleurs cette anecdote. Un jour, déjà lointain, de passage au cabinet, à l'époque où il voyageait encore, le drôle me montra un gros cahier rouge à spirales où il note soigneusement, pour chaque titre refusé, le nom de l'Éditeur. Avec autant de méticulosité et de ferveur que mettait son vénéré maître viennois à collectionner ses prestigieux autographes. Ah ! ce cher, ce très cher Stefan dont Julius me rebat les oreilles, si chanceux au dehors, si miné de l'intérieur... Donc j'ai vu que pour l'une des œuvres phares mort-née de son disciple sousdoué, figuraient une bonne trentaine de noms prestigieux, depuis *Gallimarre* – à tout Seigneur tout honneur – jusqu'à *La Mare aux canards*, petit éditeur écolo prometteur sis à Pouilly-en-Auxois. C'est dingue comme Julius est souvent remercié, avec d'ailleurs autant de courtoisie que d'anonymat ! Lui me dit que c'est bon signe, qu'ainsi beaucoup de forêts seront épargnées et que cette perspicacité très sélective des Editeurs l'aide à rester modeste, devançant ainsi tous ses congénères, du plus obscur à la plus récente autrice nobélisée (transfuge de classe émérite mais écrivassière de première !), puisque chaque faiseur de livres n'est en définitive qu'un va-nu-pieds se prenant pour Ombilic 1er ! Plutôt grandir en humilité, donc en humanité. Car, en dehors de toute préoccupation de bâtir une quelconque Œuvre littéraire, telle est sa devise 24 carats : œuvrer pour construire en soi ce que chacun est en droit d'attendre de l'humain. Peaufiner sa propre humanité. Point. Du coup, ému et reconnaissant, il note le nom et l'adresse de ses providentiels contempteurs, agrafe avec jubilation la liasse de leurs sentences de mort ; s'amuse parfois à comparer, de façon synoptique, leurs plus plates et stéréotypées excuses, leurs litotes embarrassées, etc. ; bref, Julius fait ce travail d'archivage, non comme on grave en sa chair des stigmates, mais comme on aligne au-dessus de la cheminée d'anciens trophées en cuivre oxydé pour mieux rehausser son propre blason en or intérieur.

Ce qui le navre le plus, il m'en parle souvent, c'est qu'on puisse le croire insincère. Qu'on s'imagine que, dans le fond, il est mortifié par ses échecs à répétition. Tant pullulent tous ces faux jetons qui voient de l'hypocrisie partout ; pire, ces belles âmes subodorant en tout apostat zélé un chrétien qui s'ignore ou, le pire du pire, en tout prêtre parti un triste repenti ! Eh bien non, l'ex abbé Julius est paisible, flegmatique, souvent espiègle (sauf quand il souffre trop du dos et que ma morphine, envoyée en douce et en enveloppe bullée, ne lui est d'aucun effet), bref, toujours confiant en sa mauvaise étoile, même s'il déplore que trop peu de gens connaissent son secret, comprennent qu'il ne bluffe pas, n'exagère pas, ne souffre pas de dépit, ne marchandera pas : jamais les hommes-enfants ne pourront devenir des Académiciens ventrus et respectables. *Car*, conclut sentencieusement Julius (avec au coin de l'œil un éclair de malice), *mieux vaut être un auteur-loser singulier, persévérant, heureux et fier de l'être, qu'un Goncourt d'un seul jour, passe-partout et obstinément suicidaire !*

Un dernier mot. Avant-hier soir, l'ami me téléphone tout excité. (Le dimanche soir, c'est notre heure, plutôt deux, tant est étourdissant son babil féminoïde ! Mais je sais décrypter son autodérision – qui de plus en plus souvent me serre le cœur – tant je suis le mieux placé pour savoir qu'à bientôt 80 ans, notre *Little Big Man* trottine allègrement vers sa fin programmée...) Voilà le scoop : Julius a décidé de déménager, de tout quitter pour s'installer incognito dans l'antique fief des Pétrucores. Une sorte d'exil forcé ou d'exode doré. Furieuse envie de quitter Paris comme on claque une porte. Il va donc devoir vider sans délai sa cave, jeter dans le bac jaune – tri sélectif oblige – des tonnes de ses œuvrettes invendues, pourtant encore affriolantes sous leur emballage plastifié. Evidemment, je tente de l'en dissuader tout en lui donnant secrètement raison : à quoi bon accumuler des tonnes d'illusions quand on approche des quatre-vingts ans et qu'on se lance le défi, seul et téméraire, de quitter la capitale pour aller explorer la France profonde ! Mais l'ami élude les difficultés, minimise son deuil prochain concernant l'autodafé programmé. D'ailleurs, ce n'est pas pour son déménagement qu'il m'appelle, étrangement exalté (serait-il à son âge à nouveau amoureux ? Je le pressens et je tremble.) ; bref, toujours aussi enthousiaste, aussi disert, toujours aussi vorace de bouquins oubliés, Julius vient de découvrir une page extraordinaire d'Alain, ce philosophe-journaliste dont il se nourrit au rythme des 3098 propos parus régulièrement dans *La Dépêche de Rouen*. L'article en question date du 11 octobre 1907 et évoque une fragrance spécifique.

— Eh bien, mon vieux, ceci explique cela !

— Quoi, lui dis-je, qu'entends-tu par là ?

— Ma nullité littéraire, pardi ! Ma glorieuse infirmité, mon absence d'adaptabilité au milieu éditorial français. Elle n'est pas due au chromosome XXLZ (celui du génie littéraire) dont mes géniteurs ne m'ont hélas pas gratifié, pas même due à ma légendaire perversité narcissique, mais simplement à cette maudite odeur que j'ai respirée dans les pensionnats pendant quinze ans, très exactement de 10 à 25 ans ! Tu piges, Maxou ? C'est ça que tu devrais mettre en avant dans ta foutue présentation !

Et pendant que Julius me distillait avec gourmandise l'extrait en question, n'ayant plus guère envie de peaufiner cette maudite bibliographie en forme de glorieux cénotaphe, je restais songeur. Incroyable, non ? Ça pue quelque part dans un petit séminaire haut-savoyard et le destin d'un Prix Nobel de Littérature dérape ! Etonnant sésame olfactif du père Chartier, aussi puissant que résilient pour tous les ratés des Belles Lettres. Pourquoi, après tout, ne pas lui laisser le mot de la fin ? Avant de le citer, soulagé autant qu'amusé, je me demandai alors à quel effluve – fiente ou encens ? – était dû le génie vermoulu de Truc (aux belles tempes argentées) ou le charisme précoce du jeune Machin (en col roulé décontracté), futures stars de notre prometteuse rentrée littéraire hexagonale. Le vieux dandy, qui lorgne l'Académie, vient de faire l'éloge du jeûne climatique tandis que le second a réussi l'exploit d'embabouiner un éditeur bigot pour pouvoir confesser sur papier bible ses frasques homosexuelles ! Leur confrontation sera chaude sur le plateau TV. Quant à Julius, même si jamais il ne l'avouera, pas même à moi, même si les effluves littéraires de l'automne soulèvent encore de dégoût son vieux cœur, je sais qu'il sourit *in petto* et qu'il attend son heure. Le coquin ! Car, avec l'ami Buffon, il sait que le génie, après tout, n'est qu'une affaire de patience et qu'un jour enfin – *felix culpa* ! – sera effacée sa tare originelle :

« *Il y a une odeur de réfectoire, que l'on retrouve la même dans tous les réfectoires. Que ce soient des Chartreux qui y mangent, ou des séminaristes, ou des lycéens, ou de tendres jeunes filles, un réfectoire a toujours une odeur de réfectoire. Cela ne peut se décrire. Eau grasse ? Pain moisi ? Je ne sais. Si vous n'avez jamais senti cette odeur, je ne puis vous en donner l'idée ; on ne peut parler de lumière aux aveugles. Pour moi cette odeur se distingue autant des autres que le bleu se distingue du rouge.*

(...) Ceux qui ont connu l'odeur de réfectoire, vous n'en ferez rien. Ils ont passé leur enfance à tirer sur la corde ; un beau jour enfin ils l'ont cassée ; et voilà comment ils sont entrés dans la vie, comme ces chiens suspects qui traînent un bout de corde. Toujours ils se hérisseront, même devant la plus appétissante pâtée. Jamais ils n'aimeront ce qui est ordre et règle ; ils auront trop craint pour pouvoir jamais respecter. Vous les verrez toujours enragés contre les lois et règlements, contre la politesse, contre la morale, contre les classiques, contre la pédagogie et contre les palmes académiques ; car tout cela sent le réfectoire. Et cette maladie de l'odorat passera tous les ans par une crise, justement à l'époque où le ciel passe du bleu au gris, et où les libraires étalent des livres

classiques, des romans primés et des sacs d'écoliers. »

Maxime M., alias l'auteur[3].

Périgueux, le 1ᵉʳ octobre 2023.

Du même auteur

(*) **Opus papier** disponible (chez l'Editeur et/ou auprès de l'auteur). (**) Opus disponible *exclusivement* en **version numérique** (*Amazon*). (***) Opus disponible dans **les deux standards.**

J. l'apostat (**) coédition Golias, 1996 (épuisé) ; Amazon, 2014.

Come out (*) Gap, 1998.

Communions privées (**) H&O, 2002, (épuisé) ; Amazon, 2013.

Charme et splendeur des plantes d'intérieur (***) H&O, 2003 (épuisé) ; Gap, (nouvelle édition revue et augmentée) 2008 ; Amazon, 2012.

Le premier festin (*) H&O, 2003, ouvrage collectif. *L'envol* a obtenu le Prix Vedrarias de la Nouvelle en novembre 2002.

Le messager, H&O, 2003 (épuisé).

Le duo des ténèbres, Alna, 2005 (épuisé).

Raphaël ou le dernier été, Alna, 2005 (épuisé).

Don Quichotte de Montclairgeau, Alna, 2006 (épuisé).

Vous reprendrez bien un p'tit aphoricube ? (***) Gap,2006 ; Amazon, 2013. Réédition (version complétée) en juin 2017 aux Ed. Chapitre.com sous le titre *Aphoricubes & recettes culte.*

Ieschoua mon amour (***) Gap, 2007 ; Amazon, 2014.

Impotens deus – De l'angélisme chrétien à l'homophobie vaticane (***) Alna, 2006 (épuisé) ; L'Harmattan, 2008.

Cet été plein de fleurs (*) L'Harmattan, 2009.

J'ai aimé. Souvenirs d'un curé savoyard (***) Gap, 2009. Amazon, 2012.

Émois, émois, émois (***) L'Harmattan, 2010.

Amour(s) Trilogie théâtrale (***) L'Harmattan, 2010.

À belles dents (***) Gap, 2011 ; Amazon, 2013.

Isâ le Magnanime (L'Evangile selon Salem) (**) Amazon, 2011.

Bye bye à mes éditeurs (**) Amazon, 2012.

La sarkophobie, un mal indispensable (**) Amazon, 2012.

Les oraisons jaculatoires (**) Amazon, 2012.

Autant en emportent les vents (**) Amazon, 2012.

Eglise catholique et répression (homo)sexuelle (**) Amazon, 2012.

Les amants des praz, roman (***) Amazon, 2013 *en 2 tomes* ; Gap, 2014 *en 1 seul volume.*

Un jour de plus en moins (Journal 2012 illustré) ** Amazon, 2013.

L@mour texto suivi de *Tanger à tout prix* **(***)** Amazon, 2013 ; Gap, 2013.

Tabâraka Allâh, de la Kabylie jusqu'à Paris (**) Amazon, 2014.

Phallophilia – Une leçon de stylistique érotique (**) Amazon, 2014.

Mon café gourmand (anthologie littéraire) (**) Amazon, 2014.

Cet été sur la page (**) Amazon, 2014.

Flamboyantes amours (**) Amazon, 2014.

Portraits de dames (**) Amazon, 2014.

Facebookland, voyage-éclair en Absurdie (**) Amazon, 2015.

L'élan brisé (**) Amazon, 2015.

Quelques vies de Julius (roman autobiographique) (**) Amazon, 2015.

Ce que me confie la nuit (***) Gap, 2016 ; Amazon, 2016.

L'Evangile selon Samir (***) Amazon, 2016 ; Chapitre.com, 2016.

Les belles-de-nuit s'ouvrent à Noël (***) Amazon, 2016. Éditions Chapitre.com, 2016.

Délices et Infamie, Poésie (***) Amazon, 2012. Chapitre.com et AMAZON (2020) – PRIX DU RECUEIL DE POÉSIES 2019.

Le manoir de Merval, thriller en 2 tomes (***) ebook Amazon, 2012 ; *en un seul tome* aux éditions Chapitre.com, 2016. Livre broché sur AMAZON, 2020 — Texte exhaustif et définitif recommandé par l'auteur.

Treize nuances de gays, 13 Nouvelles homoérotiques (***) Amazon, 2020 — Texte exhaustif et définitif recommandé par l'auteur. Egalement aux éditions Chapitre.com, 2016 [sous le titre *"Au jardin d'Éden "*].

Un ange pour l'été [Réédition du "Messager", revu et complété] (***) Amazon, 2015 ; éditions Chapitre.com, 2016. Prix du Roman gay 2016 : MENTION SPECIALE DU JURY.

Rabbi, ubi habitas ? Triptyque christique (***) Amazon, janvier 2017 ; éditions Chapitre.com, mars 2017.

Julius, Miguel, David… et tant d'autres (***) Amazon, février 2017 ; éditions Chapitre.com, mai 2017.

L'Evangile selon Samir (*), nouvelle édition. Chapitre.com, juillet 2017.

Accordailles – Poèmes et prières (***) Amazon, septembre 2017 ; éditions Chapitre.com, août 2017.

Les amants des praz (*), nouvelle édition avec glossaire, Chapitre.com, février 2018.

Le Pacte neuf (***) 2015, Amazon, janvier 2015 ; Gap, décembre 2015 ; Chapitre.com, mars 2018.

J'ai aimé – Confidences d'un curé libéré (***), LEN Editions, avril 2018.

Les oraisons jaculatoires (***), Chapitre.com, 2018.
Amazon, édition définitive, novembre 2021.
Mon théâtre à corps perdu (***), Denis Daniel & Michel
Bellin, Chapitre.com, décembre2018.
Ainsi soit-tilt (***), Chapitre.com, 1ᵉʳ avril 2019.
Rabbi, ubi habitas ? (***), Amazon, 2020.
Le journal d'Uzbek, (***), Amazon (*kindle*) & Les Editions du
Net (version papier), 2022.
*Quelques amours de l'abbé Julius – Une autobiographie éclatée
(1947- 2027)* (***),Ebook Amazon, 2022 & Les Editions du
Net (version papier), 2023.
*Flip-Flop – Trente années de guérilla antichrétienne.
Pourquoi ?… Et jusqu'à quand ?* (***), Ebook Amazon, 2022
& Les Editions du Net (version papier), 2023.
Ce que me confie la nuit, 64 poèmes, (***) Ebook Amazon, 2022
& Les Editions du Net (version papier), 2023.

PRIX DU ROMAN GAY 2020

*Après
la Mention Spéciale du Jury (2016)
le Prix de la Poésie (2019)
décernés à MICHEL BELLIN*

**PRIX D'HONNEUR
POUR L'ENSEMBLE DE SON OEUVRE**

Palmarès du 4 Novembre 2020

LES 6 LIVRES
QUI CLÔTURENT L'ŒUVRE
DE MICHEL BELLIN
(1996-2023)

QUELQUES AMOURS DE L'ABBÉ JULIUS
Une autobiographie éclatée (1947-2027)

LE JOURNAL D'UZBEK
Quelques billets illustrés

CE QUE ME CONFIE LA NUIT
64 poèmes

J'AI AIMÉ
Confidences d'un curé libéré

LE FEU DU ROYAUME
Récit

FLIP-FLOP
Trente ans de guérilla antichrétienne
Pourquoi ? Jusqu'à quand ?

Livres brochés ou reliés à commander en LIBRAIRIE
ou sur les sites des **EDITIONS DU NET**
et d'**AMAZON**

Livres numériques exclusivement sur Amazon

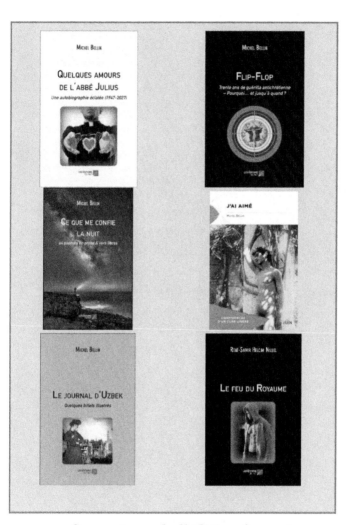

Couvertures de l'édition française

« MES AUTOÉDITIONS »
de
Michel Bellin

Tiré à part imprimé en octobre 2023